100세 놀이

교육공동체협동조합 노리아이
황경택 생태놀이연구소
함께 쓰고 그림

황소걸음
Slow & Steady

재미난 놀이를 하며
행복한 마을을 만들어가요!

TV를 보면 유명 강사들이 100세 시대에 행복하게 사는 법을 이야기합니다. 정치하는 사람들은 노인 일자리와 노인복지를 굳게 약속하기도 합니다. 하지만 정작 노인의 일상은 무료하고 외로워, 행복과는 거리가 있어 보입니다. 도시에 사는 자녀들이 오면 느린 손놀림이지만 청소하고 맛난 음식도 준비하며 즐겁고 행복한 시간을 보냅니다. 자녀들이 돌아가면 외로움은 더 커지죠.

노인이 하루하루를 행복하게 보내기 위한 구체적인 방안이 없다면 100세 시대의 노인복지, 노인 행복지수 올리기 사업은 허상이 되기 쉽습니다. 행복이란 큰일에 있지 않습니다. 멀리 있지도 않습니다. 하루하루 작은 즐거움이 이어지면 행복한 삶이라 할 수 있습니다. 마을의 어르신들이 즐겁게 놀이하며 건강하고 행복한 나날을 보내시면 좋겠습니다.

이런 바람으로 2020년부터 충남 공주시 의당면 유계리 마을 놀이 사업을 시작했습니다. 놀이 활동을 한 1년 동안 마을 어르신들이 놀이에 관해 이야기를 나누며 소통하는 모습, 서로 이해하고 배려하는 모습을 봤습니다. 그분들의 해맑은 웃음도 봤습니다. 그런 모습을 보며 '이것이 마을에서 함께 살아가는

참모습이 아닐까?' '이것이 우리가 찾아드려야 할 노인의 행복이 아닐까?' 하는 생각이 들었습니다.

이 책에 소개한 내용은 유계리 마을에서 진행한 놀이를 바탕으로 어르신들의 운동 능력과 몸에 맞게 다시 개발한 놀이입니다. 서산과 태안, 평택에 있는 활동가들의 도움을 받은 놀이도 있습니다. 여기에 생태놀이연구소 황경택 소장님이 보탤 것은 보태고 뺄 것은 빼고, 이해하기 쉽게 그림으로 그려서 정리해주셨습니다. 누구나 읽어보면 놀이를 쉽게 진행할 수 있고, 어르신들 스스로 보고 따라 할 수도 있을 것입니다.

"놀이하면서 행복했다"는 어르신들의 말씀에 《100세 놀이》를 펴낼 용기를 얻었습니다. 이 책이 행복한 마을 공동체를 만드는 데 조금이나마 보탬이 되면 좋겠습니다.

교육공동체협동조합 노리아이 대표 이명희

치매 예방과 건강을 위해
잊어버린 놀이를 찾아드립니다!

　노리아이 이명희 대표님이 놀이 관련 책을 준비한다는 이야기를 처음 들었을 때, '이미 다양한 놀이 책이 많은데 또 무슨 책을 준비하시나' 싶어 큰 관심이 없었습니다. 시간이 지나 잊고 있었는데, 뜻밖에 마을의 어르신들을 위한 놀이 책 개발에 함께 해달라는 부탁을 받았습니다. 참으로 좋은 생각이어서 기쁜 마음으로 참여했습니다. 2020년 세상을 떠난 아버지께서 치매를 앓으셨기에 치매 예방에 관심이 많기도 했습니다.

　의료 전문가들은 치매를 예방하거나 늦추려면 손을 많이 활용하라고 권합니다. 시골 마을회관에서는 한때 '화투' 붐이 일기도 했습니다. 저 역시 화투를 칠 줄 알고, 종종 시골에 가면 부모님과 화투 놀이를 했습니다. 나름 복잡한 규칙이 있고 손놀림으로 하는 놀이이니 치매 예방에 도움이 될 듯합니다. 그런데 정말 그 놀이 말고는 아무런 놀이도 하지 않습니다.

　'어르신들이 즐길 만한 놀이가 더 있지 않을까?' 어렵게 생각할 일이 아니었습니다. 어르신들은 가위바위보만으로도 깔깔 웃으며 어린아이처럼 즐거워하시더라고요. '그래, 특별한 놀이가 아니라 그동안 우리가 해온 놀이 중에 좀 더 쉽고 재미난 놀이를 하는 게 좋겠다'라는 마음으로 이 책을 준비했습니다.

　노인과 어린아이는 닮은 점이 많습니다. 그렇기에 《100세 놀이》는 유아 놀이와도 비슷하다고 하겠습니다. 아이들은 한 번도 해보지 않은 놀이라서 가르치고 설명해야 하지만, 어르신들은 어릴 때 해본 놀이라서 기억을 더듬어 금방 잘하신다는 점이 다를 뿐입니다. 놀이를 잠시 잊어버린 어르신들께 찾아드리면 되는 일이었습니다.

　이 책을 준비하며 세 가지를 생각했습니다. 쉬운 놀이일 것, 재미난 놀이일 것, 이왕이면 손을 활용한 놀이일 것. 그런 관점으로 이 책을 봐주시면 좋겠습니다. 쉬운 놀이라 누구나 같이 할 수 있고, 장소에 구애받지 않습니다. 부디 많은 놀이 활동으로 어르신들이 더 건강하고 행복하게 지내시기 바랍니다.

생태놀이연구소 소장 황경택

차례

• 함께 놀이

2부 자연물 놀이

3부 교구 놀이

• 전래 놀이

1부
맨손 놀이

01 단동십훈

놀이 개요	곤지곤지, 죔죔, 짝짜꿍 등 아기를 어르는 한국 전통 육아법 '단동십훈(檀童十訓)'을 응용한 놀이.
놀이 인원	1명 이상
소요 시간	10분
기대 효과	소근육과 뇌 신경을 자극해 운동 기능과 인지능력을 키운다. 혈액순환에도 좋다.

놀이 방법

1 죔죔

2 죔죔 곤지곤지

3 죔죔 곤지곤지 짝짝

4 이후 짝을 지어 마주 보며 함께 할 수도 있고, 다양한 방법으로 죔죔 곤지곤지 짝짝을 할 수 있다.

말뜻
- 죔죔 : 쥘 줄 알면 놓을 줄도 알아야 한다.
- 곤지곤지 : 땅의 기운을 받고 살아라.

02 혼자 가위바위보

놀이 개요   혼자 가위바위보를 하는 놀이.

놀이 인원   1명 이상

소요 시간   5분

기대 효과   뇌 신경을 자극해 인지능력을 키운다.

 놀이 방법

1 한 손으로 가위바위보 하기.

2 두 손으로 동시에 가위바위보 내기.

3 왼손이 이기게 가위바위보 하기.

4 오른손이 이기게 가위바위보 하기.

03 솔방울 박수

놀이 개요　다양한 자연물 모양 손뼉치기.

놀이 인원　1명 이상

소요 시간　10분

기대 효과　소근육과 뇌 신경을 자극해 운동 기능과 인지능력을 키운다.

놀이 방법

1　두 손으로 주먹 쥐고 솔방울 박수.

2　두 손바닥을 쫙 펴고 손뼉 치며 단풍잎 박수.

3　두 손을 동그랗게 해서 손가락끼리 부딪치며 잣나무 잎 박수.

4　두 팔목을 부딪치며 꽃받침 박수.

• 다른 자연물 박수를 무엇으로 할지 묻고 새로 만들어서 해도 좋다.

1 솔방울 박수

2 단풍잎 박수

3 잣나무 잎 박수

4 꽃받침 박수

21

04 재미난 박수

놀이 개요	박자에 맞춰 손뼉치기.
놀이 인원	1명 이상
소요 시간	10분
기대 효과	박자에 맞춰 리듬감을 기르고, 손뼉을 쳐서 혈액순환에 도움을 준다.

 놀이 방법

1 여덟 글자 문장을 정해서 한 글자 말하고 손뼉 한 번 치기.

　예 우 짝! 리 짝! 나 짝! 라 짝! 대 짝! 한 짝! 민 짝! 국 짝!

2 두 글자 말하고 손뼉 두 번 치기.

　예 우리 짝짝! 나라 짝짝! 대한 짝짝! 민국 짝짝!

3 네 글자 말하고 손뼉 네 번 치기.

　예 우리나라 짝짝짝짝! 대한민국 짝짝짝짝!

4 여덟 글자 말하고 손뼉 여덟 번 치기.

　예 우리나라 대한민국 짝짝짝짝짝짝짝짝!

- 문장 내용을 다양하게 바꾸고, 글자 수도 늘려서 할 수 있다.
- 여럿이 하면 더 재밌다.

05 자연 요가

놀이 개요	자연을 흉내 내며 그 동작을 따라 하는 놀이.
놀이 인원	1명 이상
소요 시간	10분
기대 효과	소근육과 대근육을 자극하고, 유연성과 지구력을 기르는 데 도움을 준다.

 놀이 방법

1 요가 준비를 한다.

2 주변 자연을 관찰하고 특징을 파악한다.

3 관찰한 자연물의 모습을 몸으로 표현한다.

4 요가 하듯 숫자를 세며 천천히 한다.

• • •
- 다양한 동물이나 사물을 표현할 수 있다.
- 여럿이 하면 더 재밌다.

25

06 쌀 보리 놀이

놀이 개요	술래가 만든 맨손 장갑에 이긴 사람이 주먹을 넣었다 뺄 때 술래가 잡는 놀이.
놀이 인원	2명
소요 시간	20분
기대 효과	순발력과 판단력을 기른다.

 놀이 방법

1 가위바위보를 해서 진 사람이 술래가 된다. 술래는 두 손을 모아 야구 장갑처럼 만든다.

2 이긴 사람은 술래의 손안에 자기 주먹을 넣으며 '쌀'이나 '보리'를 외친다.

3 술래는 상대가 '쌀'을 외치면 주먹을 잡아야 이기고, '보리'를 외치면 손을 잡아도 소용이 없다. 쌀을 세 번 성공하면 다음 단계로 넘어간다.

4 놀이 단계 중에 성공하지 못하면 역할을 바꾼다.

07 두 손 가위바위보

놀이 개요	양손으로 가위바위보 하는 놀이.
놀이 인원	2명
소요 시간	20분
기대 효과	순발력과 판단력, 손의 협응력을 기른다.

 놀이 방법

1 먼저 한 사람이 양손으로 같은 가위바위보를 낸다.

⑩ 주먹 주먹 짝짝!

2 맞은편 사람은 이기는 가위바위보를 낸다.

⑩ 보자기 보자기 짝짝!

3 연습이 충분히 됐다면 양손으로 다른 가위바위보를 내고, 따로따로 이기는 가위바위보를 한다.

⑩ 가위 주먹 짝짝!
　주먹 보자기 짝짝!

4 이기는 가위바위보가 충분히 잘되면 반대로 지는 가위바위보를 한다.

⑩ 주먹 가위 짝짝!
　가위 보자기 짝짝!

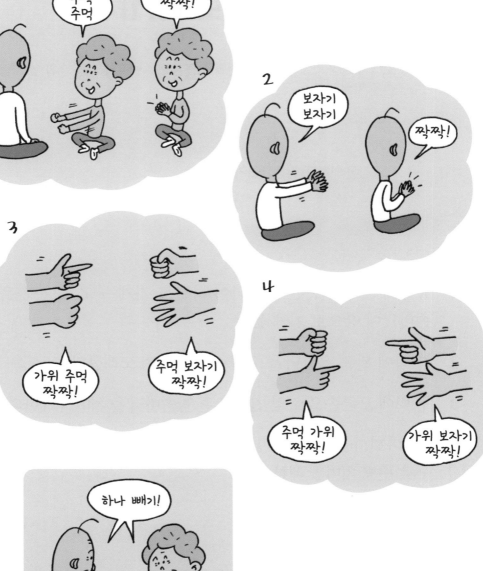

• 연습이 잘되면 '하나 빼기 놀이'로
넘어가도 좋다.

08 손뼉 치며 노래하기

놀이 개요	노래 부르며 박자에 맞게 왼손과 오른손으로 번갈아 자기 손과 옆 사람 손을 치는 놀이.
놀이 인원	4명 이상
소요 시간	20분
기대 효과	박자감을 익히고, 협동심도 기른다.

 놀이 방법

1 둥글게 앉아 왼손은 손바닥이 하늘로 가게 두고, 오른손은 손바닥이 땅으로 가게 둔다.

2 한 박에 왼손 손바닥을 오른손으로 치며 노래한다.

3 두 박에 오른손으로 옆 친구의 왼손 손바닥을 치며 노래한다.

4 "손 바꿔서~"라고 외치면 오른손과 왼손 모양을 바꿔서 거꾸로 손뼉 치며 노래한다.

09 수박 먹기

놀이 개요	손으로 방향을 가리키고 수박을 갈아 먹거나 씨앗 뱉기 흉내를 내며 이어가는 놀이.
놀이 인원	5명 이상
소요 시간	20분
기대 효과	두뇌 활동을 활발하게 하고, 서로 많은 웃음을 나눌 수 있다.

 놀이 방법

1 손을 펴서 입의 좌우를 선택해, "스읍" 하며 선택한 쪽으로 밀어 보낸다.

2 손끝이 가는 방향으로 이어 진행한다.

3 **수박 갈아 먹기** : 주먹 쥐고 입부터 머리까지 "스읍" 하며 올린다. 이때는 진행 방향으로 한 사람 건너뛰어 시작한다.
수박 씨앗 뱉기 : 다른 사람을 향해 "퉤" 하면 받은 사람이 다시 시작한다.

4 동작을 틀리게 하거나 웃으면 술래가 돼서 벌칙을 받는다.

10 내 이름을 불러줘

놀이 개요 술래가 '얼음'을 지목하면 얼음 양옆에 있는 사람이 상대방의 이름을 부르는데, 먼저 부르면 이기는 놀이.

놀이 인원 10명 이상

소요 시간 20분

기대 효과 기억력과 순발력을 기르고, 친밀감을 형성한다.

 놀이 방법

1 각자 이름이나 별명을 정하고, 원을 만들어 앉는다. 술래가 한 사람을 지목하며 "얼음" 하고 외친다. 술래가 지목한 사람은 "얼음"을 외치며 양손을 가슴에 × 모양으로 얹는다.

2 이때 술래 양쪽에 있는 사람은 마주 보며 상대방의 이름을 빠르게 말한다.

3 이름을 먼저 불러 이긴 사람은 그대로 있고, 늦게 부른 사람은 뒤로 물러난다.

4 마지막 남은 두 사람은 등지고 서서 한 발 두 발 앞으로 걸어간다. 술래가 "얼음" 하고 외치면 뒤돌아 상대방의 이름을 먼저 외치는 사람이 이긴다.

11 혼자 왔어요

놀이 개요 둥글게 모여 앉아 처음에는 한 명, 그다음에는 두 명, 그다음에는 세 명이 손을 번쩍 들고 "혼자(둘이, 셋이) 왔어요" 외치며 출석하는 놀이.

놀이 인원 5명 이상

소요 시간 15분

기대 효과 판단력과 순발력을 기른다.

 놀이 방법

1 둥글게 앉아 누구부터 시작할지와 진행 방향을 정한 뒤, 한 명이 손을 번쩍 들면서 크게 "혼자 왔어요" 하고 외친다.

2 진행 방향으로 두 사람이 함께 손을 번쩍 들면서 크게 "둘이 왔어요" 하고 외친다.

3 진행 방향으로 세 사람이 함께 손을 번쩍 들면서 크게 "셋이 왔어요" 하고 외친다.

4 같은 방식으로 이어서 할 수 있다. 인원이 열 명이면 "열 명 왔어요"까지 가능하다. 틀리지 않고 끝까지 완성하기 놀이를 한다.

> • 자리에서 일어나며 외치는 게 원칙이지만, 어르신들의 관절이나 허리가 좋지 않을 수 있으므로 손을 들며 외치는 놀이로 진행한다.

12 **다리 셈 놀이**

놀이 개요 　마주 보며 다리를 대고 앉아 노래에 맞춰 다리를 접는 놀이.

놀이 인원 　4명 이상

소요 시간 　20분

기대 효과 　친밀감을 형성하고, 숫자 개념을 기른다.

 놀이 방법

1 같은 방향으로 나란히 앉아도 되고, 마주 보며 앉아도 된다.

2 진행자 한 명이 노래를 부르면서 박자에 맞게 다리를 건드리며 지나간다.

3 노래가 끝날 때 진행자가 손을 멈춘 다리는 접는다.

4 맨 마지막까지 다리를 못 접은 사람이 술래가 된다.

함께
놀이

| 13 | **방향 바꾸는 기차** |

놀이 개요   노래를 부르며 특정 가사가 나오면 가던 방향을 바꾸는 기차놀이.

놀이 인원   2명 이상

소요 시간   20분

기대 효과   함께 하는 즐거움과 웃음을 준다.

놀이 방법

1 모두 앞사람 어깨에 손을 올려서 한 줄 기차가 된다.

2 같이 노래를 시작하며 앞으로 간다.

3 특정 가사가 나오면 가던 방향을 바꾸기로 한다.
> 예 윤석중 선생님의 동요 '맴맴'을 부르며, 가사에서 '고' 자가 나오면 방향 바꾸기(아버지는 나귀 타고 장에 가시고 할머니는 건너 마을 아저씨 댁에 고추 먹고 맴맴 달래 먹고 맴맴).

4 방향을 바꾸는 사람과 바꾸지 않는 사람이 엇갈려 재미를 주는 놀이다.

14 초성 놀이

놀이 개요	한글 자음에 맞춰 단어를 말하되, 늦게 말하는 사람이 지는 놀이.
놀이 인원	2명 이상
소요 시간	20분
기대 효과	순발력을 기르고, 두뇌를 활성화하는 데 도움을 준다.

 놀이 방법

1 둘러앉아 가위바위보로 진행자를 정한다.

2 노래하다가 진행자는 두 글자 단어 가운데 초성만 말한다.
 예 "훈민정음~ 훈민정음~ 기역 시옷!"

3 생각나는 단어를 먼저 말하고 손을 땅바닥에 놓는다.
 예 국수, 가시, 강사, 군사, 감성 등

4 손바닥을 겹쳐서 쌓되, 마지막까지 손을 쌓지 못하면 술래가 된다.

- 인원이 적으면 양손 모두 바닥에 놓아야 한다.
- 술래는 벌칙을 받고, 다음에 진행자 역할을 할 수 있다.
- 익숙해지면 세 글자 초성도 할 수 있다.

2부
자연물 놀이

15 솔방울 던져 넣기

놀이 개요	솔방울을 표시된 곳에 던져 넣는 놀이.
준비물	솔방울
놀이 인원	2명 이상
소요 시간	20분
기대 효과	집중력과 힘 조절 능력을 기른다.

 놀이 방법

1 바닥에 동그라미를 그린다.

2 3미터 거리에서 한 명씩 솔방울을 던져 동그라미 안에 넣는다.

3 연습이 충분히 되면 거리를 좀 더 멀게 한다.

4 과녁처럼 동그라미를 여러 개 그려서 점수 내기를 해도 좋다.

16 솔방울 던지고 잡기

놀이 개요	솔방울을 위로 던지고 손으로 잡는 놀이.
준비물	솔방울
놀이 인원	1명 이상
소요 시간	20분
기대 효과	집중력을 기르고, 협응력에 도움을 준다.

 놀이 방법

1 한 손으로 솔방울을 위로 던지고 두 손으로 잡는다.

2 잘되면 한 손으로 잡아본다.

3 손뼉을 한 번 치고 잡아본다.

4 손뼉을 여러 번 치고 잡아본다.

> • 편을 나누고 둘이서 던지고 잡기를 할 수도 있다.
> • 어느 편이 더 멀리서 던지고 잡는지 내기를 해도 좋다.

17 솔방울 숨기기

놀이 개요	엎어둔 종이컵에 솔방울을 넣고 섞은 다음 상대가 종이컵을 들었을 때 솔방울이 있으면 가져가고, 내가 가지고 있던 솔방울을 종이컵 속에 모두 숨기면 이기는 놀이.
준비물	종이컵·솔방울 10개씩
놀이 인원	2명 이상
소요 시간	40분
기대 효과	집중력을 기르고, 기억력 향상에 도움을 준다.

 놀이 방법

1 두 명이 솔방울을 네 개씩 나눠 갖고 겨룬다.

2 종이컵 열 개 속에 솔방울 두 개를 넣고 섞는다.

3 순서대로 한 번씩 종이컵을 들어서 그 안에 솔방울이 있으면 가져온다.

4 종이컵을 들어서 비어 있으면 내 솔방울을 넣는다. 내가 가지고 있던 솔방울을 종이컵 속에 모두 숨기면 이긴다.

18 도토리 굴리기

놀이 개요	경사진 곳에서 도토리를 굴려보기.
준비물	도토리
놀이 인원	2명 이상
소요 시간	20분
기대 효과	사물의 특성을 이해하는 데 도움을 준다.

 놀이 방법

1 도토리를 한 개씩 준비하고 출발선에 선다.

2 손을 높이 들어 도토리를 그대로 놓는다.

3 누구 도토리가 가장 멀리 갔는지 알아본다.

4 여러 번 반복한다.

열매
놀이

19 **도토리 제기**

놀이 개요   도토리를 반복해서 손바닥으로 쳐서 올리기.

준비물   도토리

놀이 인원   2명 이상

소요 시간   20분

기대 효과   소근육 발달에 좋고, 힘 조절 능력과 집중력을 기른다.

 놀이 방법

1   도토리를 손바닥에 올린다.

2   손바닥을 위로 올렸다 내렸다 하며 도토리가 떨어지지 않게 튕긴다.

3   낮은 위치에서 점점 높은 위치로 튕겨가며 논다.

4   익숙해지면 나뭇잎으로 튕겨본다.

• • •

• 손바닥으로 배드민턴 하듯 두 사람이 주고받을 수도 있다.

20 귤링

놀이 개요	귤로 하는 컬링 놀이.
준비물	종이테이프, 귤
놀이 인원	2명 이상
소요 시간	30분
기대 효과	거리 감각과 공간 구분, 합산 능력을 키운다.

 놀이 방법

1 각자 귤을 고르고, 편을 나누고, 순서를 정한다.

2 컬링판을 그리고 가운데부터 5점, 3점, 1점 순으로 점수를 정한다.

3 상대방의 귤을 밀어내 공격하거나, 진로를 막아 방어한다.

4 점수를 더해서 많은 편이 이긴다.

· · ·
- 귤 대신 감자, 밤, 감, 사과 등으로도 할 수 있다.

21 **같은 나뭇잎 찾기**

놀이 개요   다양한 나뭇잎 가운데 같은 나뭇잎 찾기.

준비물   다양한 나뭇잎

놀이 인원   2명 이상

소요 시간   20분

기대 효과   관찰력을 기르고, 기억력 향상에 도움을 준다.

 놀이 방법

1 다양한 나뭇잎을 준비한다.

2 진행자가 한 장을 고른다.

3 그것과 같은 나뭇잎을 찾아본다.

4 같은 나뭇잎을 찾은 사람이 다음 문제를 낸다.

22 **다른 나뭇잎 찾기**

놀이 개요	다양한 나뭇잎 중에 다르게 생긴 나뭇잎 찾기.
준비물	다양한 나뭇잎
놀이 인원	2명 이상
소요 시간	20분
기대 효과	관찰력을 기른다.

 놀이 방법

1 다양한 나뭇잎을 준비한다.

2 둘로 나눠서 다르게 생긴 잎을 찾아본다.

3 다르게 생긴 잎을 여러 가지 찾으면 이긴다.

4 찾아서 배열하는 것만으로도 아름답다.

• 식물 분류학에 따라 정확히 분류하지 않아도 된다.

23 나뭇잎 가위바위보

놀이 개요   다양한 나뭇잎으로 가위바위보 한다.

준비물   나뭇잎

놀이 인원   2명 이상

소요 시간   20분

기대 효과   관찰력을 기르고, 나뭇잎의 다양한 형태를 이해한다.

 놀이 방법

1 두 모둠으로 나눠 서로 다른 나뭇잎을 여러 장 준비한다.

2 순서를 정한다.

3 번호대로 진행자가 말하는 내용에 해당하는 잎을 가지고 나온다.

4 "가위바위보"라는 말과 함께 가져온 잎을 내고, 진행자가 말한 내용에 더 가까운 잎을 가진 사람이 따는 놀이.

┌─ 다양한 가위바위보 방법 ─
│ • 큰 잎, 작은 잎, 넓적한 잎, 뾰족한 잎, 잎자루가 긴 잎, 톱니가 많은 잎 등.
└

나뭇잎 놀이

나뭇잎 퍼즐

놀이 개요	나뭇잎을 여러 조각으로 잘라 흩어 놓고, 다시 나뭇잎 모양으로 맞추는 놀이.
준비물	커다란 나뭇잎, 가위, 도화지, 테이프
놀이 인원	1명 이상
소요 시간	30분
기대 효과	관찰력과 사고력, 표현력을 기른다.

 놀이 방법

1 커다란 나뭇잎을 준비한다.

2 나뭇잎을 도화지에 붙이고 가위로 조각을 낸다.

3 나뭇잎 퍼즐 조각을 흩어 놓고, 제대로 맞춰본다.

4 내 것을 잘 맞췄다면 바꿔 다시 맞춰본다.

• 처음엔 두 조각을 내고 익숙해지면 세 조각, 네 조각으로 퍼즐 개수를 늘린다.

25 나뭇잎 색종이

놀이 개요 나뭇잎을 오려서 원하는 모양으로 만든다.

준비물 나뭇잎, 가위

놀이 인원 1명 이상

소요 시간 20분

기대 효과 소근육 발달에 좋고, 예술적 감수성을 자극한다.

 놀이 방법

1 커다란 나뭇잎과 가위를 준비한다.

2 나뭇잎을 찬찬히 보고 생각나는 것을 머릿속으로 그려본다.

3 가위로 그림 그리듯 나뭇잎을 오려본다.

4 종이에 붙여 보관하거나 전시한다.

• • •
• 처음엔 동그라미, 세모, 하트 등 쉬운 도형부터 연습한다.
• 익숙해지면 동물 오리기를 해본다.
• 종이에 붙여서 그림 동화책으로 활용할 수도 있다.

26 나뭇가지 안 떨어뜨리기

놀이 개요   두 사람이 손끝으로 나뭇가지 옮기기.

준비물   짧은 나뭇가지(10~30센티미터)

놀이 인원   2명 이상

소요 시간   30분

기대 효과   주의력을 기르고, 소근육 발달에 도움이 된다.

 놀이 방법

1 짧은 나뭇가지를 준비한다.

2 두 사람이 한 편이 된다.

3 같은 편끼리 두 손끝으로 나뭇가지를 들어본다.

4 한 편이 들고 있는 사이로 다른 편이 나뭇가지를 떨어뜨리지 않고 통과한다.

• • •

• 정해진 반환점을 돌아오는 놀이도 좋다.
• 여러 명이 이어달리기로 할 수도 있다.

나뭇가지
놀이

27 나뭇가지 균형 잡기

놀이 개요   나뭇가지를 수평으로 균형 잡는 놀이.

준비물   긴 나뭇가지(60~80센티미터)

놀이 인원   2명 이상

소요 시간   30분

기대 효과   주의력과 균형 감각을 기른다.

 놀이 방법

1 긴 나뭇가지를 준비한다.

2 두 사람이 가위바위보 한다.

3 진 사람은 나뭇가지를 세워 잡는다.

4 이긴 사람은 진 사람이 세운 나뭇가지 위에 자신의 나뭇가지를 수평으로 균형을 잡아본다.

• 균형 잡힌 나뭇가지 위에 다른 나뭇가지를 올려도 좋다.
• 균형 잡힌 나뭇가지를 그대로 들고 이동하거나 옆 사람에게 전달할 수도 있다.

28 나뭇가지 옮기기

놀이 개요　두 사람이 하나가 되어 나뭇가지를 옮기는 놀이.

준비물　긴 나뭇가지(60~80센티미터)

놀이 인원　6명 이상

소요 시간　30분

기대 효과　주의력과 균형 감각, 협동심을 기른다.

 놀이 방법

1　각자 긴 나뭇가지를 한 개씩 고른다.

2　두 사람이 한 편이 돼서 바닥에 있는 나뭇가지를 들어 올린다.

3　옆에 다른 두 사람에게 전달한다.

4　떨어뜨리지 않고 나뭇가지를 옮기는 놀이다.

• • •
- 인원이 많으면 두 모둠으로 나누고, 어느 모둠이 나뭇가지를 많이 옮기는지 겨뤄도 된다.
- 실내에서는 나뭇가지 대신 나무젓가락으로 해도 좋다.

29 나뭇가지 세우기

놀이 개요	각자 나뭇가지를 기대 세워 쓰러지지 않게 하는 놀이.
준비물	긴 나뭇가지(60~80센티미터)
놀이 인원	6명 이상
소요 시간	30분
기대 효과	주의력과 집중력, 협동심을 기르고, 성취감이 든다.

 놀이 방법

1 긴 나뭇가지를 여러 개 준비한다.

2 가장 긴 나뭇가지를 고른다.

3 다른 나뭇가지를 이용해서 긴 나뭇가지를 세워본다.

4 모든 나뭇가지를 서로 기대 세운다.

• 세우기를 성공하면 하나씩 빼내는 놀이를 해도 좋다.

30 **자연물로 얼굴 만들기**

놀이 개요	자연물로 사람 얼굴을 표현하는 놀이.
준비물	다양한 자연물
놀이 인원	1명 이상
소요 시간	20분
기대 효과	연상 능력과 예술적 감성을 기른다.

 놀이 방법

1 흰 종이에 간단한 얼굴형만 그린다.

2 그 위에 다양한 자연물로 얼굴을 표현한다.

3 모두 완성되면 작품을 서로 감상한다.

4 가장 개성 있는 얼굴을 뽑는다.

• • •

- 목공 풀로 자연물을 종이에 붙여도 좋다.
- 각자 자화상을 표현해도 재미있다.
- 사람 얼굴 외에 동물이나 사물 등 다양한 것을 표현할 수 있다.

1

2

3

4

31 **자연물로 이름 쓰기**

놀이 개요	자연물로 자기 이름을 쓰는 놀이.
준비물	다양한 자연물, 도화지, 목공 풀, 색깔 펜
놀이 인원	1명 이상
소요 시간	20분
기대 효과	다양한 글씨를 만들고, 내 이름과 다른 이의 이름에 관심을 기울인다.

 놀이 방법

1 다양한 자연물을 준비한다.

2 자기 이름을 쓰기 적당한 자연물을 찾아서 목공 풀로 도화지에 붙인다.

3 펜으로 주변을 예쁘게 꾸미고 사람들에게 소개한다.

4 완성한 이름을 모아 전시한다.

• • •

• 내 이름을 쓴 뒤 다양한 글씨를 쓰면 좋다.

32 자연 물감 놀이

놀이 개요 　자연물로 종이에 색칠하는 놀이.

준비물 　도화지, 유성 펜, 다양한 자연물(꽃잎, 풀잎, 흙 등)

놀이 인원 　1명 이상

소요 시간 　30분

기대 효과 　예술적 감수성을 기른다.

 놀이 방법

1 　도화지에 유성 펜으로 밑그림을 그린다.

2 　주변에서 색깔이 다양한 자연물을 찾는다.

3 　자연물을 문질러서 그림에 색칠한다.

4 　완성되면 액자에 넣어 전시해도 좋다.

• 어떤 자연물이 색깔이 나오는지 다양한 자연물로 실험해본다.
• 물감이 자연에서 왔음을 이해할 수 있다.

33 **숲속 패션쇼**

놀이 개요   직접 옷을 디자인해서 패션쇼를 해보는 놀이.

준비물   종이, 가위, 다양한 자연물, 목공 풀

놀이 인원   2명 이상

소요 시간   40분

기대 효과   집중력과 예술적 감수성을 기른다.

 놀이 방법

1 종이에 옷을 그리고 가위로 오린다.

2 자연물을 옷 위에 놓아보며 디자인한다.

3 목공 풀로 자연물을 옷에 붙인다.

4 완성된 옷을 카메라로 찍으며 입는 체험을 한다.

34 나무껍질 칠교놀이

놀이 개요	나무껍질로 퍼즐을 맞추는 놀이.
준비물	나무껍질
놀이 인원	3명 이상
소요 시간	30분
기대 효과	연상 능력과 협동심을 기른다.

 놀이 방법

1 나무껍질 중에 뭔가 닮았다고 생각되는 것을 하나씩 줍는다.

2 무엇을 닮았는지 서로 맞히기 놀이를 한다.

3 두 사람이 한 편이 되어 나무껍질 두 개를 합해서 무엇을 닮았는지 생각하고 맞힌다.

4 나무껍질을 모아 새로운 것을 만든다.
   예 사람 만들기, 나무 만들기, 자동차 만들기

35 돌탑 쌓기

놀이 개요	작은 돌멩이를 무너지지 않게 쌓는 놀이.
준비물	작고 납작한 돌멩이
놀이 인원	2명 이상
소요 시간	30분
기대 효과	균형 감각과 집중력을 기른다.

 놀이 방법

1 작은 돌멩이를 모아놓고 두 모둠으로 나눈다.

2 모둠별로 한 명이 교대로 돌을 하나씩 쌓는다.

3 탑이 무너지는 편이 지는 놀이다.

4 탑을 높이 쌓는 편이 이기는 놀이로 진행할 수도 있다.

• 돌멩이 대신 장기짝이나 나무토막, 솔방울 등을 이용해도 된다.

36 강아지 꼬리 만들기

놀이 개요　강아지풀로 강아지 꼬리를 만드는 놀이.

준비물　강아지풀, 도화지, 펜

놀이 인원　2명 이상

소요 시간　20분

기대 효과　연상 능력을 기르고, 즐겁게 친해진다.

 놀이 방법

1　줄기가 달린 강아지풀을 준비한다.

2　종이에 강아지를 그린다. 이때 꼬리는 뺀다.

3　꼬리 부분에 구멍을 낸다.

4　구멍에 강아지풀을 넣으면 강아지 완성!

• 강아지 꼬리를 흔들면서 놀이할 수 있다.

37 나무토막 퍼즐

놀이 개요 나무토막으로 퍼즐을 만들어 맞추는 놀이.

준비물 둥근 나무토막(두께 약 1센티미터)

놀이 인원 1명 이상

소요 시간 30분

기대 효과 창의력을 기르고, 성취감을 맛본다.

 놀이 방법

1 두께 약 1센티미터 둥근 나무토막을 준비한다.

2 나무토막에 그림을 그린다.

3 나무토막을 돌로 쳐서 쪼갠다.

4 쪼개진 퍼즐 조각을 맞춘다.

- 내 것을 맞추면 다른 사람의 퍼즐도 맞춰본다.
- 모든 사람의 퍼즐을 섞고 많이 맞추기 놀이를 해도 재미있다.
- 퍼즐 맞추기가 익숙해지면 특정 퍼즐 몇 개를 인원에 맞게 숨기고, 각자 한 개씩 찾아와서 맞춰도 좋다.

3부
교구 놀이

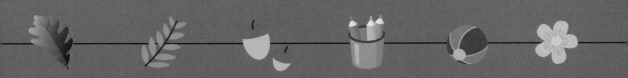

38 비석치기

놀이 개요	적당한 거리에 있는 비석을 단계에 따라 쓰러뜨리는 놀이.
준비물	크기가 적당하고 네모난 돌
놀이 인원	2명 이상
소요 시간	60분
기대 효과	집중력과 소근육 발달을 돕고, 신체 부위에 다양한 자극을 준다.

 놀이 방법

1 각자 비석치기에 좋은 돌을 고른다.

2 두 모둠으로 나눠 가위바위보 한다. 진 편은 선 위에 비석을 세운다.

3 이긴 편은 순서에 따라 공격한다.

4 비석을 던져 쓰러뜨리면 다음 단계로 넘어간다(96~99쪽 참조).

- 여럿이 할 때는 같은 편에서 못 쓰러뜨린 사람의 비석까지 계속 쓰러뜨릴 수 있고, 모두 쓰러뜨리면 다음 단계로 넘어간다.
- 다시 공격할 때는 이전에 끝난 단계부터 시작한다.
- 지방에 따라 다양한 비석치기가 있다.

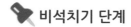 **비석치기 단계**

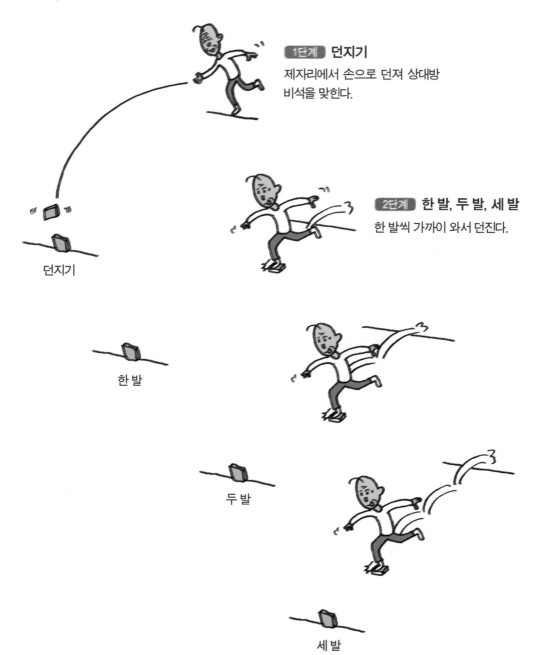

1단계 **던지기**

제자리에서 손으로 던져 상대방
비석을 맞힌다.

2단계 **한 발, 두 발, 세 발**

한 발씩 가까이 와서 던진다.

던지기

한 발

두 발

세 발

3단계 **도둑 발(사냥꾼)**

발등에 비석을 올려놓고 살살 걸어가서 발로 던진다. 비석을 떨어뜨리면 아웃이다.

4단계 **토끼 뜀(발목 치기)**

두 발 사이에 비석을 끼우고 토끼처럼 뛰어가서 두 발로 던진다.

5단계 **오줌싸개(무릎 치기)**

무릎 사이에 비석을 끼우고 가서 떨어뜨려 맞힌다.

6단계 **똥꼬(가랑이 치기, 똥싸개, 아들딸 낳기)**

가랑이 사이에 비석을 끼우고 가서 떨어뜨린다.

7단계 배 사장(배 치기)

배에 비석을 올리고 가서 떨어뜨린다.

8단계 똥지게(똥 장군)

등에 비석을 올리고 가서 떨어뜨린다.

9단계 신문팔이

겨드랑이에 비석을 끼우고 가서 떨어뜨린다.

10단계 두부 장수(어깨 치기, 훈장)

어깨에 비석을 올리고 가서 떨어뜨린다.

11단계 **떡장수(머리 치기)**

머리에 비석을 올리고 가서 떨어뜨린다.

12단계 **장님(눈 치기, 봉사)**

비석을 던지고, 눈 감고 가서 찾아 던진다.

13단계 **비행기**

손등에 비석을 올리고 "슈웅~" 비행기 소리를 내며 빠르게 달려가서 던진다.

14단계 **앗 뜨거 앗 뜨거(불덩이)**

비석을 양손에 번갈아 옮기고 "앗 뜨거 앗 뜨거" 외치며 달려가서 던진다.

- 맞았지만 넘어지지 않을 경우, 좁은 면이 보이게 놓고 기회를 한 번 더 준다.

39 공기놀이

놀이 개요	작은 돌 하나를 던져 아래 있는 돌을 집고 던진 돌을 받는 놀이.
준비물	공깃돌
놀이 인원	2명 이상
소요 시간	30분
기대 효과	소근육 발달에 도움이 되고, 조정력을 기르며, 성취감이 든다.

 놀이 방법

1 공기 여러 개를 두 손으로 던지고 내려올 때 한 손을 대 손 등에 올린다. 하나도 못 올리면 아웃.

2 손등 위의 공기를 다시 던지고 그중 하나를 잡아서 공기놀 이를 시작한다. 역시 못 잡으면 아웃.

3 공기 한 개를 높이 던지고 바닥에 놓인 공기를 주우면서 내 려오는 공기를 받는다. 이때 못 받거나 바닥에 있는 다른 공 기를 건드리면 아웃.

4 정해진 나이나 숫자에 맞춰 저축하면 이기는 놀이.
   예 100년, 100냥 등

• 저마다 둘 줍기, 셋 줍기 등 기준을 정해서 그 개수 이상 잡아야 한다. 그 아래를 잡으면 아웃.

40 깃대를 지켜라

놀이 개요	산 모양으로 쌓은 모래에 깃대를 꽂고, 번갈아 깃대를 쓰러뜨리지 않은 채 모래를 가져오는 놀이.
준비물	깃대나 나뭇가지, 모래, 종이나 비닐
놀이 인원	2명 이상
소요 시간	30분
기대 효과	조절 능력과 집중력을 높여 두뇌를 활성화한다.

 놀이 방법

1 바닥에 종이나 비닐을 깔고 모래를 산 모양으로 쌓은 뒤, 깃대를 꽂는다.

2 가위바위보로 순서를 정한다.

3 한 사람씩 두 손으로 모래를 덜어 자기 앞으로 가져온다.

4 돌아가면서 모래를 가져오다가 먼저 깃대를 쓰러뜨리는 사람이 진다.

• 실내에서는 모래 대신 곡물을 사용해도 좋다.

41 구슬치기

놀이 개요	구슬을 던지거나 굴려서 원 안에 있는 구슬을 맞혀 원 밖으로 내보내는 놀이.
준비물	구슬
놀이 인원	2명 이상
소요 시간	40분
기대 효과	눈과 손의 협응력을 기르고, 소근육 발달에 도움이 된다.

🖈 **놀이 방법**

1 바닥에 원을 하나 그린다.

2 구슬을 한 개씩 나눠 갖고 나머지는 원 안에 놓는다.

3 가위바위보로 순서를 정한다.

4 구슬을 굴리거나 던져서 원 안에 있는 구슬을 맞혀 원 밖으로 내보내서 딴다.

• • •

• 원을 여러 개 그리고 구슬을 굴려 순서대로 원에 넣어도 재미있다.
• 이외에 홀짝, 선 가까이 던지기 등 다양한 구슬치기를 이어가면 좋다.

42 산가지 놀이

놀이 개요	나뭇가지를 흩어 놓고 다른 나뭇가지가 움직이지 않게 가져오는 놀이.
준비물	나뭇가지(45~60센티미터) 여러 개
놀이 인원	2명 이상
소요 시간	20분
기대 효과	주의력과 수학적 개념을 기르고, 손놀림을 섬세하게 한다.

 놀이 방법

1 마주 앉아 산가지(나뭇가지)를 바닥에 흩어 놓는다.

2 가위바위보로 순서를 정한다.

3 다른 산가지가 움직이지 않게 산가지를 한 개씩 가져온다.

4 다른 산가지를 건드리지 않고 가져오면 계속 가져올 수 있고, 건드리면 다른 사람에게 기회가 넘어간다.

> • 산가지에 번호를 매겨 순서대로 가져올 수도 있다.
> • 산가지에 색을 입히고 색에 따라 점수를 매겨도 재미있다.
>   예 빨강 3점, 파랑 2점, 초록 1점

43 **투호**

놀이 개요　길쭉한 통에 화살 모양 나뭇가지를 던져 넣는 놀이.

준비물　통, 나뭇가지 10개

놀이 인원　2명 이상

소요 시간　20분

기대 효과　힘 조절 능력을 기르고, 소근육 발달에 도움이 된다.

 놀이 방법

1 크고 긴 통을 준비한다.

2 긴 나뭇가지 열 개를 준비한다.

3 같은 수로 모둠을 나누고, 화살을 다섯 개씩 통에 던져 넣는다.

4 많이 넣은 모둠이 이긴다.

> • 화살 개수나 던지는 거리는 상황에 따라 바꾸면서 진행한다.
> • 화살 끝을 날카롭지 않게 만든다.

44 고누

놀이 개요	말판에 말을 움직여서 상대가 말을 더 움직이지 못하면 이기는 놀이.
준비물	말판, 말(작은 돌) 3개
놀이 인원	2명 이상
소요 시간	20분
기대 효과	사고력과 창의력을 기른다.

 놀이 방법

1 바닥에 말판을 그리고 말을 세 개씩 위치에 맞게 놓는다.

2 가위바위보로 순서를 정한다.

3 한 번에 한 칸씩 말을 움직인다. 말은 뒤로 움직이지 못한다.

4 상대 진영에 내 말을 다 놓거나 상대가 말을 더 못 움직이면 이긴다.

• • •
• 이외에 우물고누, 네밭고누 등 다양한 고누가 있다.

45 실팽이 돌리기

놀이 개요	두꺼운 종이를 둥글게 자르고 구멍을 뚫은 다음 실을 꿰어 만든 실팽이 (쌩쌩이)를 돌리는 놀이.
준비물	두꺼운 종이, 가위, 펜, 실, 송곳
놀이 인원	1명 이상
소요 시간	20분
기대 효과	힘 조절 능력을 기르고, 소근육 발달에 도움이 된다.

 놀이 방법

1 원으로 자른 두꺼운 종이를 준비한다.

2 동그라미 중간쯤에 송곳으로 구멍을 두 개 뚫고 실을 두 가닥으로 꿴다.

3 실을 양쪽으로 느슨하게 잡고 팽이를 한쪽으로 몇 번 돌려 감는다.

4 양손에 잡은 줄을 살짝 당겼다 풀었다 하면 쌩쌩 소리를 내며 돈다.

- 실팽이가 돌 때 다칠 수 있으니, 얼굴이나 손등을 가까이하지 않는다.
- 실팽이 중간에 색깔 펜으로 멋지게 그림을 그려 꾸며도 재미있다.
- 두꺼운 종이 대신 커다란 단추로 해도 좋다.

46 딱지치기

놀이 개요	바닥에 있는 상대의 딱지를 내 딱지로 쳐서 뒤집는 놀이.
준비물	딱지
놀이 인원	2명 이상
소요 시간	20분
기대 효과	소근육과 대근육 발달에 도움이 되고, 집중력을 기른다.

🔖 놀이 방법

1 종이를 접어서 딱지를 만든다.

2 가위바위보 해서 진 사람은 딱지를 바닥에 놓고, 이긴 사람은 자기 딱지로 공격을 준비한다.

3 바닥에 놓인 딱지를 세게 쳐서 뒤집는다.

4 뒤집히면 딱지를 따고, 뒤집히지 않으면 상대에게 공격권이 넘어간다.

> • 색종이로 딱지를 만들거나 스티커를 붙이면 더 멋진 딱지가 된다.

115

47 같은 그림 찾기

놀이 개요	카드에 있는 그림을 잘 기억했다가 뒤집어서 같은 그림이면 가져오는 놀이.
준비물	카드
놀이 인원	2명 이상
소요 시간	30분
기대 효과	관찰력을 기르고, 기억력 향상에 도움을 준다.

🔑 **놀이 방법**

1 같은 그림이 있는 카드를 두 장씩 준비한다.

2 바닥에 카드를 뒤집어서 무작위로 배치한다.

3 한 사람씩 돌아가며 카드 두 장을 뒤집어서 같은 그림이면 가져오고, 다른 그림이면 제자리에 엎어 놓는다.

4 많이 딴 사람이 이긴다.

• • • •
- 어르신들이 익숙한 화투로 해도 된다.
- 카드 교구를 직접 제작해도 좋다.

48 삼각형 땅따먹기

놀이 개요	종이에 점을 여러 개 찍고 선을 그어 삼각형을 많이 만든 사람이 이기는 놀이.
준비물	종이, 펜
놀이 인원	2명 이상
소요 시간	40분
기대 효과	두뇌를 자극하고, 경쟁해서 즐거움을 느낀다.

 놀이 방법

1 종이에 펜으로 원하는 만큼 점을 찍는다.

2 가위바위보로 순서와 기호(○, ×, △)를 정한다.

3 점과 점을 한 번씩 이어 먼저 삼각형을 만든 사람이 그 안에 자기 기호를 그린다.

4 삼각형을 더 그릴 수 없을 때까지 해서 자기 기호가 많은 사람이 이긴다.

49 대나무 마블 런

놀이 개요	여럿이 반으로 쪼갠 대나무를 잇대서 탁구공을 떨어뜨리지 않고 바구니에 담는 놀이.
준비물	반으로 쪼갠 대나무, 탁구공
놀이 인원	5명 이상
소요 시간	30분
기대 효과	협동하는 즐거움을 느낀다.

🖌 놀이 방법

1 탁구공 한 개와 반으로 쪼갠 대나무를 인원에 맞게 준비한다.

2 반으로 쪼갠 대나무를 잇대서 탁구공이 잘 굴러가게 한다.

3 중간에 탁구공이 떨어지면 처음부터 다시 시작한다.

4 탁구공을 떨어뜨리지 않고 바구니에 많이 담는다.

- 두 편으로 나눠서 많이 담기나 빨리 담기 내기를 해도 재미있다.
- 전체가 동그랗게 잇대고 탁구공을 떨어뜨리지 않고 정해진 숫자만큼 굴리거나, 몇 바퀴 성공할 수 있는지 도전해도 좋다.
- 탁구공 대신 도토리나 콩 같은 열매나 씨앗, 대나무 대신 종이나 나뭇잎을 활용해도 된다.

121

50 젠가 놀이

놀이 개요 젠가에서 번갈아 나무를 하나씩 빼내는 놀이.

준비물 젠가

놀이 인원 2명 이상

소요 시간 40분

기대 효과 사고력과 힘 조절 능력, 집중력, 소통 능력을 기른다.

🖌 놀이 방법

1 젠가를 중심으로 주변에 앉는다.

2 가위바위보로 순서를 정하고, 나무를 하나씩 빼낸다.

3 빼낸 나무는 위에 쌓는다.

4 나무를 빼거나 쌓다가 무너지면 놀이가 끝난다.

> • 젠가 대신 나무토막 여러 개를 활용해도 된다.

51 연필 따먹기

놀이 개요   원을 그리고 연필을 튕겨서 상대방 연필을 밖으로 밀어내는 놀이.

준비물   연필

놀이 인원   2명 이상

소요 시간   20분

기대 효과   손의 감각과 힘 조절 능력, 집중력을 기른다.

 놀이 방법

1 큰 종이나 바닥에 동그라미를 그린다.

2 자기 연필을 동그라미 안에 놓는다.

3 가위바위보 해서 이긴 사람부터 자기 연필을 튕겨 상대 연필을 밖으로 밀어내면 이긴다.

4 실수로 내 연필이 동그라미 밖으로 나가도 아웃이다.

52 성냥개비 퀴즈

놀이 개요	성냥개비를 움직이며 어려운 문제를 푸는 놀이.
준비물	성냥개비
놀이 인원	2명 이상
소요 시간	20분
기대 효과	사고력과 창의력을 기른다.

 놀이 방법

1 성냥개비로 쓰레받기 모양과 쓰레기를 표현한다.

2 쓰레기 모양 성냥개비는 손대지 않고, 두 개를 움직여 쓰레기를 밖으로 꺼내보라고 한다.

3 정답을 알려준다.

4 이외에 다양한 성냥개비 놀이를 서로 소개하고 맞힌다.

53 보자기 제기차기

놀이 개요	보자기에 공을 올리고 여럿이 보자기를 당겨서 공을 높이 띄우는 놀이.
준비물	공, 큰 보자기
놀이 인원	4명 이상
소요 시간	30분
기대 효과	대근육 활동을 돕고, 신체 조절 능력과 협동심을 기른다.

 놀이 방법

1 큰 보자기 끝을 잡고 평평하게 한다.

2 보자기에 공을 올린다.

3 보자기를 당겨서 공을 높이 띄운다.

4 횟수를 정해서 채운다.

- 앉아서 할 수도 있다.
- 공 대신 제기나 솔방울을 이용해도 좋다.
- 보자기에 그림을 그려서 원하는 위치에 공을 굴려도 재미있다.

54 병뚜껑 멀리 보내기

놀이 개요   손가락으로 병뚜껑을 쳐서 도착선에 가까이 가는 놀이.

준비물   페트병 뚜껑, 펜

놀이 인원   2명 이상

소요 시간   30분

기대 효과   손의 힘 조절 능력을 키우고, 함께 하는 즐거움을 느낀다.

 놀이 방법

1   인원에 맞게 병뚜껑을 준비하고, 모둠을 나눈다.

2   탁자나 바닥에 출발선과 도착선을 표시한다.

3   한 명씩 번갈아 손가락으로 병뚜껑을 쳐서 멀리 보낸다.

4   병뚜껑을 도착선에 가장 가까이 보낸 모둠이 이긴다.

- 컬링처럼 상대 모둠 병뚜껑을 쳐내거나, 우리 모둠 병뚜껑을 쳐서 선 가까이 보내
  도 된다.
- 컬링처럼 원으로 표시하고 점수를 내도 재미있다.
- 도착선은 테이프로 표시하면 병뚜껑이 걸릴 수 있으므로, 지워지는 펜으로 그린다.
- 모둠끼리 스티커로 색깔을 표시해도 좋다.

55 재빠른 빙고

놀이 개요	바둑알 세 개를 나란히 놓는 놀이.
준비물	바둑알(흰 돌·검은 돌 3개 이상씩), 종이, 펜
놀이 인원	2명 이상
소요 시간	20분
기대 효과	순발력과 판단력을 기른다.

 놀이 방법

1 종이에 빙고판을 그린다.

2 모둠을 나누고 각자 검은 돌과 흰 돌을 갖는다.

3 빙고판과 거리를 두고 양쪽에 있다가 신호와 함께 순서대로 나와서 바둑알을 놓는다.

4 가로나 세로, 대각선 연속으로 같은 색 바둑알 세 개를 먼저 놓는 편이 이긴다.

• • •

• 상대편이 세 개를 나란히 놓을 지점에 우리 편 바둑알을 놓아서 막는 것이 요령이다.
• 바둑알 대신 구별이 가능한 사물이면 뭐든 가능하다.

56 다 함께 공 굴리기

놀이 개요	나란히 앉아서 다리로 공을 옆 사람에게 전달하거나, 서서 손을 엇갈리게 잡고 팔로 공을 옆 사람에게 전달하는 놀이.
준비물	대나무 공이나 축구공
놀이 인원	5명 이상
소요 시간	20분
기대 효과	즐거움을 느끼며 구성원과 친밀감을 높인다.

🔧 놀이 방법

1 어깨와 다리가 붙도록 나란히 앉는다.

2 한쪽에서 공을 다리에 올려준다.

3 손을 이용하지 않고 다리로 옆 사람에게 굴린다.

4 공을 떨어뜨리지 않고 끝까지 옮긴다.

· · ·
- 반대 방향으로 해보거나, 빨리 옮기기 등 다양한 방법으로 할 수 있다.
- 인원이 많으면 출발한 사람에게 돌아오기를 해도 된다.
- 서서 옆 사람과 손을 엇갈리게 잡고 팔로 공을 굴려도 재미있다.

57 **뱀 땅따먹기**

놀이 개요　바닥에 커다란 뱀 모양을 그리고, 병뚜껑을 손으로 튕겨 반환점을 돌아 출발선으로 오는 놀이.

준비물　종이테이프, 병뚜껑

놀이 인원　10명 이상

소요 시간　20분

기대 효과　손의 힘 조절 능력과 협동심을 기른다.

🔑 놀이 방법

1　두 모둠으로 나누고, 바닥에 종이테이프로 커다란 뱀 모양을 그린다.

2　뱀 모양 안에 함정('처음으로' '쉼' 등)과 반환점을 표시한다.

3　한 명씩 번갈아 병뚜껑을 손으로 튕긴다.

4　반환점을 돌아 출발선에 먼저 도착하는 편이 이긴다.

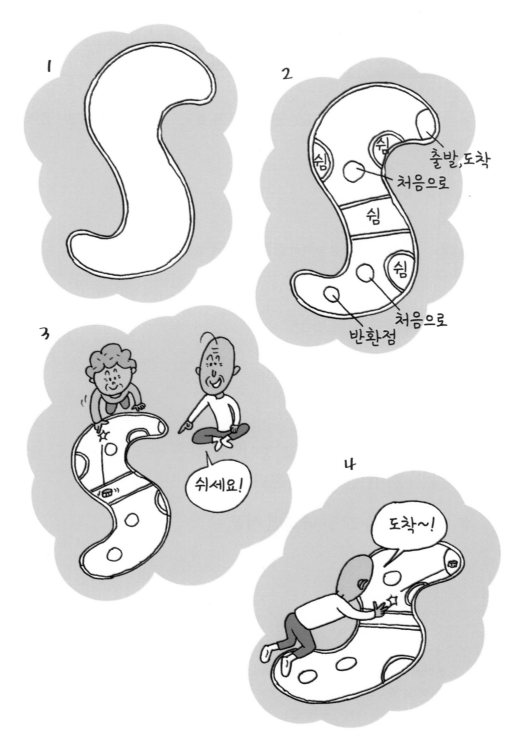

58 고무 링 컵 쌓기

놀이 개요 고무 링에 고리가 달린 끈을 여러 개 걸고, 당겼다 놓았다 하면서 종이컵으로 탑을 쌓는 놀이.

준비물 종이컵, 고무 링, 끈

놀이 인원 4명 이상

소요 시간 30분

기대 효과 섬세한 힘 조절 능력과 집중력, 협동심을 기른다.

🔑 놀이 방법

1 고무 링에 끈을 연결한다.

2 각자 한 줄씩 잡는다.

3 고무 링에 연결된 끈을 종이컵을 잡을 수 있을 정도로 늘인 다음 종이컵을 집어 나른다.

4 정해진 컵을 모두 나르면 성공.

• 놀이에 익숙해지면 종이컵으로 탑 쌓기도 해본다.
• 종이컵을 멀리 옮기는 놀이로 바꿀 수도 있다.

59 **얼굴 이어 그리기**

놀이 개요   종이에 있는 이름을 보고, 여러 사람이 조금씩 그려 그 사람 초상화를 완성하는 놀이.

준비물   도화지, 색연필이나 크레파스

놀이 인원   4명 이상

소요 시간   40분

기대 효과   관찰하고 표현하며 정을 나눈다.

 놀이 방법

1   도화지에 자기 이름을 쓴다.

2   각자 얼굴 중 어느 부위를 그릴지 정한다.

3   도화지를 오른쪽으로 전달하면서 그림을 완성한다.

4   마지막으로 그 사람에게 하고 싶은 말을 하거나 글로 써준다.

60 몸으로 말해요

놀이 개요	스케치북에 있는 단어를 몸으로 설명하고 정답을 맞히는 놀이.
준비물	스케치북, 펜
놀이 인원	3명 이상
소요 시간	40분
기대 효과	몸으로 표현하는 능력과 상대방의 몸짓을 보고 유추하는 사고력을 기른다.

 놀이 방법

1 스케치북에 단어를 적는다. 처음에 동물을 적는 것이 재미있다.

2 문제를 낸 사람은 스케치북을 들고 서고, 몸으로 표현할 사람은 스케치북을 보고 서고, 맞힐 사람은 스케치북을 등지고 앉는다.

3 스케치북을 한 장씩 넘기며 문제를 내고 맞힌다.

4 몸으로 표현할 사람과 맞힐 사람을 바꿔서 해본다. 정해진 시간에 누가 많이 맞혔는지 알아본다.

• 음식, 직업, 속담 등 다양한 문제로 놀이할 수 있다.

펴낸날 2022년 2월 10일 초판 1쇄
지은이 교육공동체협동조합 노리아이·황경택 생태놀이연구소
만들어 펴낸이 정우진 강진영 김지영
꾸민이 Moon&Park(dacida@hanmail.net)
펴낸곳 (04091) 서울 마포구 토정로 222 한국출판콘텐츠센터 402호
편집부 (02) 3272-8863
영업부 (02) 3272-8865
팩 스 (02) 717-7725
이메일 bullsbook@hanmail.net / bullsbook@naver.com
등 록 제22-243호(2000년 9월 18일)
ISBN 979-11-86821-69-5 03690

황소걸음
Slow&Steady

• 잘못된 책은 바꿔드립니다. 값은 뒤표지에 있습니다.